JOSEPH-MARIE-RENÉ
B^{on} DE VÉLARD
MAIRE DE VAUXBUIN

PAROLES
prononcées à ses obsèques
PAR M. L'Abbé PÉRONNE
Chanoine Titulaire de Soissons.

✝

SOISSONS
Ed. BRISMONTIER, Imprimeur-Libraire
12, Place du Cloître, 12.

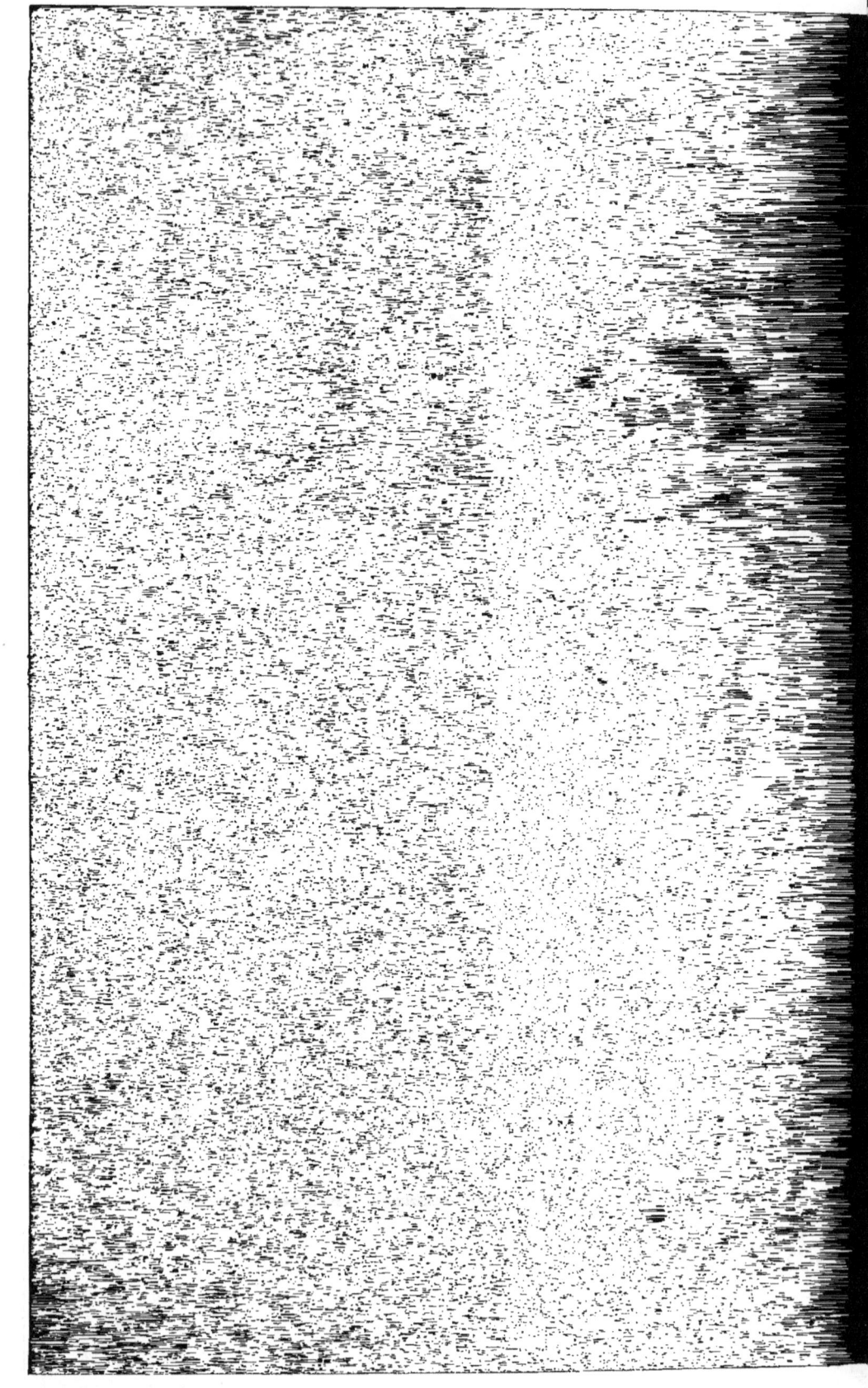

JOSEPH-MARIE-RENÉ
B^{ON} DE VÉLARD

MAIRE DE VAUXBUIN

PAROLES
prononcées à ses obsèques
PAR M. L'ABBÉ PÉRONNE

Chanoine Titulaire de Soissons.

†

SOISSONS
ED. BRISMONTIER, IMPRIMEUR-LIBRAIRE
12, Place du Cloître, 12.

Joseph-Marie-René baron de VÉLARD.

Le 30 Octobre 1877, le deuil entrait pour la troisième fois, en moins de deux ans, dans la noble famille des de VÉLARD. Il y avait à peine quelques mois que M. le Vicomte de VÉLARD était allé rejoindre, dans la tombe récemment fermée, son jeune fils, le Baron GAÉTAN mort, enseigne de vaisseau, à l'âge de 22 ans ; et voilà que le Baron RENÉ est enlevé à peine âgé de 35 ans à une mère déjà doublement éprouvée, à une pieuse épouse, à deux petits enfants, à une commune qui l'estimait et l'aimait comme un père, à l'Eglise qui pouvait compter sur sa piété et son courageux dévouement.

Qui aurait pensé qu'un nouveau sacrifice aussi douloureux serait de sitôt demandé à une mère déjà si profondément affligée? A celui qui interrogerait la sagesse divine sur une épreuve aussi pénible l'auteur de l'Imitation répond par ces paroles du Prophète: *Seigneur, vous êtes juste et vos jugements sont droits*, et par ces autres accents du même Prophète inspiré: *Seigneur, vos jugements sont vrais et justifiés en eux-mêmes*. Pour nous, la mort amène la plus profonde des douleurs. Devant Dieu la mort du juste est le retour à la patrie, la couronne après la victoire, la prise de possession de l'héritage céleste, la délivrance de tous les maux, le commencement d'une fidélité sans fin.

Dès lors Dieu pourrait-il être accusé d'avoir devancé l'heure de la récompense pour le *juste* que le regret et les larmes viennent d'accompagner à sa dernière demeure. Car tel fut durant sa vie le Baron RENÉ de VÉLARD.

Chrétien exemplaire, fils modèle d'affection et de respect filial pour ses parents, époux rempli d'attentions délicates pour sa pieuse épouse, frère plein de cœur, père aussi tendre que vigilant, ami des pauvres, protecteur de l'enfance, d'un caractère loyal, d'un abord simple et facile, d'une sage prudence, d'une charité toujours prête à excuser, d'une bonté heureuse du bonheur des autres, il avait rapidement conquis l'affection des habitants de la commune de Vauxbuin, qu'il administrait depuis quatre ans.

JOSEPH-MARIE-RENÉ, Baron de VÉLARD, naquit à Orléans en 1842. Il fut le 3ᵉ enfant de l'honorable famille de VÉLARD. Il se fit toujours remarquer par un très-grand fond de bonté envers tous, de complaisance à l'égard de ses frères et sœurs, une docilité parfaite et une affection des plus tendres vis-à-vis de ses parents.

Rentré dans sa famille après avoir terminé ses études à Pont-Levoy, se trouvant le plus âgé de ses frères encore présents dans la famille, par suite du mariage de son frère aîné le Vicomte AMAURY et de celui de sa sœur madame la Comtesse DE DENAINVILLERS, il regarda comme un devoir sacré de rendre heureux son père et sa mère. Ce fut là pendant quinze ans la première de ses préoccupations. Quel touchant exemple de piété filiale! Habitué pendant dix ans à recourir constamment aux avis, aux sages conseils, à l'expérience de son respectable père, à trente ans, il était devenu son conseiller intime. Auprès de sa digne mère, il fut d'un respect, d'une tendresse qui ne se démentirent pas un seul instant. Rempli d'attentions délicates pour elle, il allait au-devant de ses moindres désirs et recherchait avec bonheur toutes les occasions de lui faire plaisir.

Près de ses frères, il fut d'une cordialité, d'une amitié que n'assombrit jamais le moindre nuage. Aussi était-il aimé par tous les siens avec une affection sans limites et chacun lui accordait-il une confiance sans bornes.

Ce trésor caché au sein d'une famille, Dieu voulut le faire connaître à une autre famille, où l'union la plus douce régnait entre tous les membres, la famille de Bois le Comte, dont le père avait rempli avec honneur les hautes fonctions de ministre plénipotentiaire. Ce fut à mademoiselle MATHILDE DE BOIS LE COMTE, qu'un mariage chrétien unit monsieur le Baron RENÉ DE VÉLARD en 1873. Deux sources pures et limpides mêlaient leurs eaux. La bonté se retrouvait avec tous ses charmes dans deux âmes et deux cœurs en parfaite harmonie.

Ce fut dès lors que M. RENÉ DE VÉLARD sans toutefois se séparer de sa famille se fit un devoir d'entrer dans la vie publique. Il se présenta aux élections municipales de la commune de Vauxbuin. Les habitants le connaissaient comme bon, affable, dévoué pour tous ceux qui avaient recours à lui. Il fut nommé par la majorité des électeurs et peu de temps après, les fonctions de maire lui furent confiées.

Il révéla bientôt son tact, sa prudence, son habileté dans les affaires. Il sut gagner par son esprit de conciliation le vote du Conseil pour les affaires de la commune.

Ce fut surtout dans une question extrêmement délicate qu'il montra l'élévation de ses pensées et de ses sentiments aussi bien que sa prudence. La commune de Vauxbuin, forte de près de 500 âmes, n'avait pas d'école de filles. Des Dames, aussi distinguées par leur charité que par leur rang, Mme la vicomtesse de VÉLARD, Mme la Baronne René de VÉLARD, Mme la Comtesse de BRIMONT, Mme la Comtesse de GOURGUES, Mme la Baronne GARAT, Mme la Baronne de MAISTRE, Mme GUEPER, Mme CAUZE, organisèrent une école de filles sous la direction de religieuses dans un local que fournit M. l'abbé Dupny. Le nouveau Maire sut ne froisser aucun de ceux qui n'approuvèrent point son zèle et son dévouement dans cet établissement si utile et si important pour la commune. Pour ne point imposer de charges onéreuses, il obtint de son excellent frère le Baron GAÉTAN, avant sa mort, de son vénéré père, et de sa digne mère, une fondation qui permit d'assurer l'avenir de cette œuvre si chère à son cœur. Il eut la consolation de jouir des succès des enfants confiées au dévouement des religieuses et de l'estime générale dont les habitants entouraient la nouvelle école.

Ce sera une consolation pour les habitants de relire les paroles que cet excellent Maire adressa aux enfants des deux écoles à la dernière distribution des prix.

Elles seront placées après son éloge funèbre et demeureront pour les enfants de la commune de Vauxbuin comme le testament d'un Père.

Quelques jours après les deux distributions qu'il présida avec une bienveillance des plus exquises, il se rendit aux bains de mer. Il y resta quelques semaines et retourna à son cher Vauxbuin qu'il aimait d'une prédilection marquée sur tous les autres lieux. Dans le mois d'octobre, bien que souffrant d'un rhume négligé, il voulut remplir son devoir de Maire, le jour des élections, le 14.

Il se refroidit et dans les derniers jours du mois, il résolut d'aller à Paris. Il partit le dimanche matin, le 28. Mais le voyage le fatigua. Des médecins consultés rassurèrent madame la Baronne RENÉ DE VÉLARD sur les craintes qu'elle éprouvait. Le mardi matin, le médecin est rappelé et constate un accident au cœur. Madame la Baronne avertie de la gravité du danger fait appeler un Prêtre et communique ses alarmes à son pieux malade. Celui-ci a tout compris: il demande aussitôt les secours de la religion. Il se confesse et reçoit le Saint-Viatique et l'Extrême-Onction avec une piété qui édifièrent profondément le digne ecclésiastique qui était venu l'assister. Le soir, à 6 heures et demie, il rendait son âme à Dieu après lui en avoir offert le sacrifice pendant toute la journée, au milieu des élans de la dévotion la plus touchante.

En apprenant la nouvelle de sa mort, les habitants de Vauxbuin, furent comme frappés de stupeur. Le Jeudi soir, les membres du Conseil municipal allèrent recevoir à la gare le corps du défunt, et comme le Baron MAX DE VÉLARD, digne frère d'un frère si accompli, voulait leur témoigner sa reconnaissance, l'un d'eux lui répondit les larmes aux yeux: Monsieur, nous n'avons fait que remplir notre devoir pour un maire si bon. Toute la population attendait à l'Église l'arrivée de la dépouille mortelle. Les larmes, les sanglots redisaient la douleur et la consternation de tous. Le lendemain fut célébré un service funèbre auquel assistèrent tous les habitants de la commune, et les notabilités des environs.

M. l'abbé Péronne, chanoine de Soissons, dit dans un langage élevé et extrêmement touchant qui fit couler d'abondantes larmes, l'éloge funèbre du défunt. Heureusement que ces paroles ont pu être recueillies et livrées à l'impression afin qu'elles restent comme un monument de l'estime générale dont jouissait l'excellent Baron RENÉ DE VÉLARD ainsi que toute son honorable famille.

Les jeunes filles déposèrent des fleurs sur son cercueil, et les pompiers du village tinrent à honneur de porter son corps jusqu'au cimetière.

M. Salleron, maire de Soissons, voulut sur le bord de la tombe rendre un dernier hommage public à tant de vertus couronnées par une mort si prématurée. Les pleurs et les sanglots répondirent à ses paroles, pour redoubler encore lorsque le Baron MAX DE VÉLARD éleva la voix pour dire aux assistants désolés : « Bons habitants de Vauxbuin, je vous remercie au nom de mon bien aimé frère qui vous aimait comme un Père.»

PAROLES PRONONCÉES APRÈS LE SERVICE D'INHUMATION

de M. le Baron **René de VÉLARD**

dans l'Église de VAUXBUIN

par M. l'abbé Péronne, *chanoine titulaire de Soissons.*

3 Novembre 1877.

Je ne m'attendais pas, Mes Très-Chers Frères, au triste honneur de prendre la parole dans cette douloureuse circonstance. Cette mission revenait de droit à votre digne et vénéré pasteur, qui mieux que personne se fût acquitté de cette tâche. J'ai dû céder aux instances qu'il m'a faites, et aux pieux désirs qui m'ont été manifestés, regrettant seulement que le temps m'ait complètement fait défaut pour recueillir les éléments et coordonner les idées qui doivent entrer je ne dirai pas dans un discours, mais dans une allocution, dans une exhortation de ce genre.

Nous n'avons point d'ailleurs l'habitude de vous adresser la parole au milieu des cérémonies funèbres, telles que celle qui vous réunit aujourd'hui en si grand nombre dans cette enceinte. L'Église catholique n'autorise ordinairement dans les funérailles de ses enfants que les prières, les supplications et les larmes, et si parfois elle permet à ses ministres d'ouvrir la bouche dans les derniers devoirs qu'elle nous fait rendre à nos frères défunts, ce n'est ni pour renouveler et accroître la douleur de leur famille éplorée par des plaintes inutiles et des regrets superflus, ni pour donner une vaine satisfaction aux vivants par les éloges que nous pourrions faire des morts, de leur vie et de leurs œuvres, de ces œuvres qui ont déjà paru avec eux devant le tribunal du juste Juge et reçu de lui la récompense qui leur était due.

Ces éloges, d'ailleurs, si j'avais pu me les proposer comme sujet des courtes paroles que j'ai l'intention de vous adresser, seraient contraires, non-seulement à l'esprit de la Religion, mais aux inclinations bien connues, de simplicité, de modestie de celui dont la mort si prompte, je dirais même si inattendue, bien que le coup terrible porté à une santé fortement ébranlée nous la fit voir depuis quelques jours en perspective, est venue jeter la désolation dans l'âme de tous ceux qui l'ont connu.

Ce qui donc m'a déterminé à vous adresser ces quelques mots, c'est l'espérance qu'ils seraient tout à la fois une consolation pour vos cœurs et un profit pour vos âmes ; c'est que celui dont les restes mortels vont reposer au milieu de vous, celui sur le cercueil duquel vous êtes venus répandre vos prières et vos larmes, vous appartenait à des titres tout particuliers, et que sa vie comme sa mort doivent vous servir d'exemple et de leçon.

Pourquoi, en effet, M. T.-C. F., cette triste cérémonie a-t-elle revêtu pour tous les habitants de cette paroisse les proportions d'un deuil public ? Pourquoi donc cette mort qui ne semble ravir qu'un fils bien aimé à une tendre mère déjà si récemment et si cruellement éprouvée, un époux chéri à une épouse vertueuse et chrétienne si digne de son estime et de son affection, un père à deux jeunes enfants presque encore au berceau pour lesquels plus tard le doux nom de père n'excitera que des regrets et des larmes ; un frère si affectueux à des frères, à une sœur si tendrement unis, un ami sincère et dévoué à ses nombreux amis ; pourquoi, dis-je, dans cette mort chacun d'entre vous se sent-il frappé comme si un coup semblable avait porté la désolation dans sa propre famille ?

La douleur que je vois peinte sur vos fronts, les larmes que vous répandez m'apprennent assez ce que votre bouche ne peut me répondre, c'est que celui que vous pleurez était loin de vous être étranger, c'est qu'il était non-seulement un des vôtres, mais qu'il était véritablement à vous, qu'il vous appartenait tout entier, et que de même que sa vie était votre vie, par son dévouement absolu comme premier administrateur de cette commune, comme protecteur vigilant, comme défenseur actif et intelligent de tous vos véritables intérêts, ainsi sa mort devient comme votre propre mort et vous plonge tous dans la douleur et dans les larmes.

Mais ne ferais-je pas mieux devant cette immense et si légitime douleur, devant ces tombes ouvertes coup sur coup pour recevoir trois des membres les plus dignes de cette famille si honorable et si chrétienne, ne ferais-je pas mieux d'adorer en silence les secrets desseins de Dieu dans ce prompt et mystérieux rappel d'un de ses plus fidèles serviteurs ? Aussi bien pourrais-je parler sans renouveler des regrets cuisants, sans faire couler de nouvelles larmes, sans que nous soyons tout entiers dans la mort. « O mort, s'écrie saint Ambroise, qui viens séparer ainsi les frères et rompre si cruellement les liens les plus étroits et les plus sacrés : *O Mors, quæ fratres dicidis, et amore sociatos crudelis ac dura dissocias* ».

Pourquoi donc, ô mon Dieu, l'avez-vous enlevé sitôt de cette terre, dans la force de l'âge, alors que son âme, sous une enveloppe frêle et délicate il est vrai, débordait de vie, alors que son intelligence, son dévouement, toutes les qualités de l'esprit et du cœur dont vous l'aviez doué, tout cela joint à l'influence d'une position supérieure légitimement acquise lui aurait fait entreprendre et accomplir tant de desseins utiles au bien de tous ceux qui l'entouraient ?

L'Esprit-Saint, M. T.-C. F., nous a révélé le secret de ce mystérieux rappel des élus : (*Sages.* chap. IV) « Quand le juste mourra d'une mort prématurée, il sera dans le repos, car la vieillesse qui est vénérable, ce n'est pas celle qui se mesure par la longueur et le nombre des années, mais celle qui vient de la sagesse, de la prudence qui est la vieillesse de l'homme. La vie sans tâche, fût-elle enfermée dans le cercle étroit de quelques années, a aux yeux de Dieu le mérite d'une longue vie... » Il plaisait à Dieu, aussi après l'avoir éprouvé comme l'or dans le creuset par de longues souffrances, il l'a enlevé du milieu de ce monde, et l'a emporté, je ne dirai pas, en continuant avec l'auteur inspiré, de peur que la fascination du mensonge ne changeât son esprit, et que l'illusion des choses de la terre ne trompât son âme; car fortement enraciné dans le bien, il n'était pas de ceux que l'inconstance et la mutabilité naturelle des désirs peuvent égarer: Voilà, M. T.-C. F., la principale raison de la conduite de Dieu. Son âme était agréable à Dieu, et c'est pourquoi il s'est hâté de la rappeler à lui.

L'amour de Dieu pour ses élus a ses lois, ses exigences et nous devons les adorer avec soumission, avec amour, alors même que leur accomplissement nous attriste, nous frappe dans les sentiments les plus chers, et nous condamne à survivre tristement à nos plus légitimes affections. Car Dieu fait tout pour ses élus, *omnia propter electos,* et rien ne l'arrête pourvu qu'il les sauve. Depuis longtemps, il signalait à l'admiration de ses anges ce bon et fidèle serviteur, dévoué à tout ses devoirs et donnant au milieu du monde l'exemple d'une vie profondément chrétienne.

C'était en effet le bon et fidèle serviteur, dans toute l'acception du mot. Il pouvait dire, comme le Sage, qu'il avait reçu de Dieu une âme bonne avec un naturel heureux; *sortitus sum animam bonam,* et qu'il l'avait ornée et enrichie de toutes les vertus traditionnelles dans sa noble et vénérable famille dont je ne veux rien dire ici, si ce n'est que c'est une de ces familles privilégiées qui gardent dans toute son intégrité l'héritage saint et glorieux des ancêtres, et dont les arrière-descendants demeurent toujours dans l'alliance que leurs aïeux ont contractée avec Dieu. Je ne parlerai non plus de son digne père, dont la tombe vient à peine de se fermer que pour dire qu'il était pour tous, le type le plus vrai, le plus accentué du gentilhomme français et chrétien en qui la loyauté, la franchise, la vérité, le dévouement à toutes les nobles causes semblaient s'être personnifiés.

Ces familles sont rares aujourd'hui, M. T.-C. F., dans ces temps d'affaissement général ; mais ce qui est peut-être plus rare encore, c'est de voir les enfants tenir à honneur d'imiter leurs pères et de perpétuer les vertus de leurs ancêtres.

J'ai toujours été frappé, M. T.-C. F., en lisant l'histoire des rois de Juda et d'Israël de voir presque à chaque page ces désolantes paroles : « Et il ne marcha point dans la voie de ses pères, » paroles qui sont d'une application trop fréquente... On dirait pour certains descendants de ces antiques familles, que les vertus de leurs pères sont un héritage trop pesant et qu'ils tiennent à tâche de flétrir le nom qu'ils ont reçu de leurs ancêtres.

Il n'en n'a pas été ainsi de celui auquel nous rendons les derniers devoirs. Nous pouvons le dire hautement et sans crainte d'être démenti ; il s'est montré constamment digne de ses nobles et respectables aïeux, et en particulier du père si vénéré qui lui a donné le jour et qui même après sa mort semble encore dire à ses enfants : « Imitez mes actions, ne déviez jamais de la ligne droite que j'ai toujours suivie, ou ne vous glorifiez plus d'être mes fils. » Aussi pouvons-nous ajouter que si Dieu lui avait accordé une vie plus longue, M. le baron René de Vélard, à l'exemple de ses ancêtres aurait, si les exigences du temps l'avaient demandé, payé largement sa dette de dévouement à la religion et à la patrie, et que sans effort et sans affectation cet homme modeste, mais inébranlablement attaché aux vrais principes, se serait naturellement trouvé, lorsqu'il l'aurait fallu, à la hauteur des plus grands sacrifices.

Je dirai en deux mots de ses premières années, qu'après cette première éducation profondément chrétienne qu'il reçut dans la maison paternelle, il fut confié aux maîtres si dévoués et si habiles de la célèbre institution de Pont-Levoy, et que là, avec ce cœur bon et sensible, cette âme droite, honnête et religieuse, il obtint bientôt de tous ses condisciples l'affection qu'une jeunesse aimable et vertueuse se concilie naturellement.

Son éducation terminée, l'amour de la famille si vif dans son cœur, le retint presque toujours près de son père dont il était l'auxiliaire intelligent et dévoué dans l'administration de ses biens et de sa fortune, près d'une mère dont il était tendrement aimé, et qui ne trouve aujourd'hui de consolation que dans le souvenir de sa filiale affection et de sa vie si chrétienne.

Cette bonté de cœur, cette bienveillance naturelle, cette égalité constante de caractère le faisaient aimer et chérir non-seulement de ses nombreux amis, mais de tous ceux qui avaient le bonheur d'entrer en relations avec lui. Oui, il fut bon, M. T.-C. F., non de cette bonté facile qui est l'indice d'une âme sans force et sans vigueur, mais de cette bonté égale à l'intelligence qui est le propre caractère de la nature divine, et que le bon Dieu se plait à imprimer dans les âmes qu'il veut former de plus près à sa ressemblance.

Rendez témoignage à ce que je dis, habitants de cette paroisse qui avez été appelés à traiter avec lui des affaires communes ou de vos intérêts particuliers. Où avez-vous trouvé plus d'obligeance, plus d'affabilité, plus de bienveillance? Cette bonté, cette bienveillance lui étaient si naturelles qu'elles transpiraient à son insu sur son visage, dans ses yeux, sur ses lèvres, dans ses paroles et jusque dans son silence.

Mais il fut bon surtout pour ceux dont le seul patrimoine ici bas est tout entier dans la bonté, dans la charité bienfaisante de leurs frères plus favorisés des dons de la fortune. Uni étroitement de vues et de sentiments, sur ce point comme sur tous les autres, avec une épouse qui était si heureuse d'entrer en communication avec les pauvres, M. René de VÉLARD prit au sérieux dans cette paroisse de Vauxbuin, vous le savez, les devoirs de la propriété, et ne perdit jamais de vue le lien qui les enchaine aux devoirs de la charité chrétienne. Je devrais ici me taire et prêter ma voix, la voix de la reconnaissance, aux malheureux, aux pauvres infirmes qui ont trouvé, dans la généreuse et inépuisable bonté de ces deux époux chrétiens, le pain de leur vieillesse, les vêtements destinés à couvrir leurs membres usés par le travail, le bois qui devait réchauffer leur corps transi par le froid, et laisser ici tous ces pauvres, assistés si charitablement, payer la dette de la religion, la dette de Jésus-Christ lui-même qui déclare fait à sa personne ce que nous aurons fait au plus petit de ceux qui croient en lui.

C'est à cette même charité, et aux généreuses dispositions d'un frère chéri, et de sa pieuse famille, que cette paroisse doit l'inappréciable avantage d'être dotée, à coté d'une école de garçons, ayant à sa tête un instituteur sincèrement religieux, d'une école de filles dirigée par des religieuses dévouées qui, par leurs exemples autant que par leurs leçons, donnent à ces jeunes enfants, avec une éducation profondément chrétienne, l'estime de leur condition et l'amour d'une vie laborieuse et modeste.

C'est au milieu de ces nobles préoccupations si dignes de ceux à qui Dieu a départi une grande fortune, c'est en s'occupant de vos écoles et de vos enfants, pour lesquels il professait un intérêt si tendre et si dévoué, qu'il a passé les derniers mois de sa vie. C'eût été pour lui une véritable consolation d'accomplir les desseins qu'il avait formés pour l'amélioration et la régénération de cette commune à la tête de laquelle il était placé. Dieu en avait disposé autrement, la mort avançait, tout en dissimulant ses approches.

Il est vrai de dire que jamais patience ne fut égale à la sienne et qu'aucune plainte aucun murmure ne sortit jamais de sa bouche; il était d'un calme, d'une tranquilité, d'une sérénité d'esprit et de cœur qui faisaient l'admiration de ceux qui l'approchaient et le servaient. Dans les derniers temps, il poussa la délicatesse de son affection, et aussi l'oubli de ce qui le touchait, jusqu'à dissimuler tout ce qui aurait pu alarmer la tendresse inquiète d'une mère déjà si accablée par la perte d'un fils que tout appelait à une longue et brillante carrière.

Cependant était venu le moment de consommer, par le sacrifice le plus grand de tous, cette vie déjà si bien remplie. Une femme vraiment chrétienne s'acquitta courageusement de ce devoir si pénible et si déchirant, et avertit celui qu'elle aimait comme elle-même, de se préparer à son dernier passage. Elle trouva un cœur navré de cette séparation si cruelle, mais préparé à tout, et qui la remercia de cette suprême et dernière marque de sa tendresse et de sa foi. Le Prêtre, qu'on avait appelé pour l'assister et lui adoucir par les consolations de la religion l'amertume des derniers moments, fut profondément touché de tant de résignation.

Il lui administra le corps adorable du Sauveur, Viatique

sacré qui donne au mourant les forces nécessaires pour parvenir au terme du voyage et les onctions saintes qui achèvent de purifier l'âme. Son abandon à la sainte volonté de Dieu fut entier. Au milieu des crises aiguës qui précédèrent son agonie, ses mains défaillantes pressaient avec amour sur ses lèvres, sur son cœur, l'image de Jésus crucifié, pour y puiser la force, la patience, la résignation, et on l'entendait dire à Celui qui a voulu mourir, qui a voulu goûter, dit saint Paul, toutes les amertumes de la mort pour nous en adoucir les approches: « Oui je souffre beaucoup, mais que sont mes souffrances auprès de celles que mon Sauveur a voulu endurer pour moi? » Et encore: « Ce n'est pas moi qui souffre, mais Jésus-Christ qui souffre en moi. »

Que dire davantage, M. T.-C. F.? Ses derniers moments ont été exclusivement remplis par la prière; il fit quelques recommandations qui avaient pour objet ce qu'il avait le plus aimé sur la terre après Dieu : sa mère, son épouse, ses enfants, ses frères et sa sœur; sa bouche ne s'ouvrit plus ensuite que pour invoquer le nom de JÉSUS et de MARIE. C'est dans ces sentiments si chrétiens, et disons le hautement, si traditionnels pour sa pieuse famille, qu'il a remis son âme entre les mains de Dieu, et qu'il est mort dans l'embrassement de la croix et le baiser du Seigneur, laissant à une épouse chérie, à une sœur, qui ne put arriver que pour recueillir son dernier soupir, la plus grande et la plus douce des consolations, l'espérance la plus fondée que Dieu l'avait reçu au rang de ses élus dont il avait porté le caractère pendant sa vie par sa constante fidélité aussi bien que par sa communion aux souffrances de Jésus-Christ.

Oui M. T.-C. F. nous espérons que Dieu l'a reçu en sa miséricorde. Ce n'est pas sans un dessein providentiel de cette miséricorde, que cette âme privilégiée a été rappelée à Dieu dans ces jours où la religion ouvre aux yeux de notre foi toutes les portes du ciel pour nous faire contempler le bonheur éternel des élus, et nous montrer la place que nous devons un jour y occuper. Oui, je crois à ces harmonies des jours et des heures en faveur de certaines âmes, je crois que le temps si rebelle à nos arrangements profanes quand il s'agit de nos intérêts ou de nos plaisirs, est sous la main de Dieu comme un instrument souple et docile qui obéit, mieux que nous le pensons, aux convenances des élus. Aussi la couche funèbre, le cercueil où reposent ses restes mortels nous apparaissent-ils comme illuminés des splendeurs des Saints et éclairés de ces rayons d'immortalité que Dieu tient en réserve pour les derniers regards de ses fidèles serviteurs.

Que cette mort si précieuse aux yeux de Dieu, M. T.-C. F., soit pour nous tous, non-seulement une consolation, un motif d'espérance, mais une grande leçon et un grand exemple. Rappelons-nous que ce n'est pas entre les bras de la mort, alors qu'on ne sait si on est avec les morts, ou encore avec les vivants, que naissent ces admirables sentiments, ces élans si vifs de foi, d'espérance et d'amour, mais quand on s'est préparé à la mort par une vie chrétienne et remplie de bonnes œuvres. Ce n'est pas une vie plus longue, mais une longue préparation à la mort qui nous donnera alors cette confiance sans bornes dans la miséricorde de Dieu, et ce désir si vif du ciel qui nous en assure la jouissance. Ranimons aussi aujourd'hui devant cette tombe où viennent de s'anéantir les plus belles espérances de la terre, ranimons notre foi à l'immortalité de notre âme, et à l'existence d'un monde meilleur que les épreuves, les souffrances ne doivent plus traverser et que la mort n'est plus appelée à finir.

Laissons à ceux qui ont eu le malheur de voir s'affaiblir, s'éteindre dans leur âme, cette précieuse, cette unique consolation du chrétien mourant, laissons leur, M. T.-C. F., leurs doutes, leurs obscurités, leurs horizons étroits, leurs aspirations limitées à la terre, leur esprit qui s'emprisonne dans le temps, leur cœur vide de Dieu, leur âme fermée à l'espérance, ouverte seulement au tumulte des sens et aux désirs des passions.

Ah! sans doute nous pleurons sur la mort de ceux qui nous sont enlevés si prématurément, mais nous ne pleurons pas comme ceux qui n'ont point d'espérance, nous pleurons comme les sœurs de Lazare ont pleuré leur frère, qu'elles croyaient que Jésus devait ressusciter; nous pleurons comme Jésus-Christ lui-même a pleuré celui qu'il devait bientôt rappeler à la vie. Ce sont des larmes que Dieu ne peut rejeter, dit saint Ambroise, car elles ont la foi pour principe et la charité pour source, ce sont des larmes que nous pouvons mêler sans crainte au sang de Jésus-Christ qui vient de couler sur cet autel aussi véritablement que sur le calvaire, car elles participent aussi à l'efficacité de la rédemption, *Illæ sunt lacrymæ redemptrices;* ce sont des gémissements pleins de foi et acceptables à Dieu et qui nous cachent la douleur de la mort; *Illi sunt gemitus qui dolorem mortis abscondunt.*

Et si nos yeux se mouillent encore de larmes, nous les versons ces larmes sur ceux de nos frères peut-être ici présents qui ne comprennent rien à la destinée sublime de l'homme et ne voient rien pour eux au-delà de la corruption de la mort et de la poussière des tombeaux. Oui, nous pleurons sur eux, car quel plus affligeant spectacle que de voir des âmes immortelles dire à Dieu, si ce n'est toujours par leurs paroles, du moins par leurs œuvres: Non, je ne veux point de votre immortalité, la vie présente me suffit, et après cette vie, la mort et le néant. Mais en même temps nous répandons au-dedans de nous-mêmes notre âme comme le Roi Prophète et nous disons aussi avec l'accent d'une foi que rien ne peut ébranler, avec la portion la plus intelligente et la plus pure du genre humain, avec cet homme juste et fidèle à qui nous rendons les derniers devoirs. « Nous passerons certainement un jour dans le lieu de ce Tabernacle admirable, jusqu'à la maison de Dieu, *transibo in locum Tabernaculi admirabilis usque ad domum Dei.* »

Comme lui, nous croyons et nous professons hautement que la croix de Jésus-Christ nous a ouvert des régions immenses que nous parcourons d'un pas ferme sous la conduite de l'Esprit-Saint. Comme lui, nous croyons, avec saint Augustin, que cette croix de Jésus-Christ est pour ainsi dire un pont que Dieu a jeté sur cette mer immense qui sépare ces deux termes si éloignés, la terre et le Ciel. Comme lui, nous entendons cette voix du Ciel qui se fit entendre à lui à son dernier jour, à sa dernière heure : « Bienheureux ceux qui meurent dans le Seigneur! Dès maintenant ils se reposeront de leurs travaux, car leurs œuvres les suivent, et au premier rang, leurs tribulations, leurs souffrances. » Leurs œuvres les suivent, parce qu'elles sont vivantes comme eux et en eux, et qu'elles forment le patrimoine inaliénable de leur immortalité. « Leurs œuvres les suivent, » quel glorieux et magnifique cortége! C'est-à-dire que comme Jésus-Christ a voulu conserver dans son corps ressuscité les cicatrices des blessures qu'il a reçues pour notre amour, les élus conservent ainsi les marques glorieuses des souffrances qu'ils ont endurées pour Jésus-Christ, des combats volontaires qu'ils ont soutenus contre les injustices du monde, ou contre leurs propres passions, mais avec cette circonstance particulière que chacune de leurs plaies est couverte par une couronne, chaque blessure est rehaussée par une palme, chacune de leurs larmes essuyée par la main même de Dieu, *absterget Deus omnem lacrymam.*

Nos larmes essuyées par la main de Dieu ! y avons-nous jamais bien réfléchi, mes Frères ? Oh ! qui de nous ne voudrait en avoir versé abondamment de ces larmes, le jour où la main de Dieu les essuiera ? « Dieu essuiera toute larme, » c'est-à-dire, qu'il n'y aura pas une de nos larmes, quelque silencieuse qu'elle ait coulé au pied des autels, dans l'intérieur de notre demeure ou sur une tombe chérie, quelque méconnue, quelque perdue même qu'elle ait pu être sur la terre, qui ne soit recueillie précieusement par la main de Celui qui sait combien de larmes renferme le cœur de l'homme, qui voit les soupirs de notre cœur quand ils ne sont pas encore, et qui les entend alors même qu'ils ne sont plus.

C'est dans ces sentiments d'espérance chrétienne que nous allons conduire les restes mortels de celui que nous pleurons dans le sépulcre où reposent déjà les corps d'un père vénéré et d'un frère tendrement chéri. Nous confions ces restes mortels au sol fécond de la foi, comme le laboureur confie sa semence aux sillons qu'il a creusés, certains que nous sommes, sur la parole de notre divin Sauveur, que ce grain de froment ne tombera en dissolution que pour s'accroître et se multiplier un jour de cette vie glorieuse, de cette moisson qui se recueille dans les champs de l'éternité. Ainsi soit-il.

DERNIÈRES PAROLES
de M. René de VÉLARD
aux Enfants des Écoles

Les connaissances profanes, disait-il aux garçons, ne suffisent pas pour développer complètement l'intelligence d'un enfant, d'un jeune homme, il y a autre chose d'indispensable, votre Instituteur l'a compris ; homme chrétien, il s'applique aussi à vous initier aux splendeurs et aux lumières de cette religion, dont la connaissance vous préservera des mauvaises doctrines et vous permettra de dissiper les préjugés, qui malheureusement de nos jours trouvent trop facilement à se propager.

Elle vous mettra en garde contre les traits de la presse impie, qui alors viendront s'émousser contre la cuirasse de votre foi éclairée. Votre bon exemple frappera ceux qui vous connaîtront, inspirera un salutaire étonnement à ces hommes si nombreux hélas, qui ont été élevés dans cette idée, aussi fausse que répandue, que le christianisme n'est bon que pour les petits esprits et les ignorants.

Votre Instituteur, s'inspirant de cette parole que les grandes pensées viennent du cœur et engendrent les grandes actions s'appliquera à développer toutes les qualités de votre cœur. Vous l'ouvrirez, ce cœur, n'est-ce pas mes chers amis, à toutes ces nobles inspirations; vous serez de bons enfants attentifs et respectueux vis-à-vis la personne qui consacre son temps à votre éducation. Un penseur disait autrefois, « le respect s'en va, » il ne faut pas qu'aujourd'hui on puisse dire « le respect s'en est allé. » Gardez-le donc ce respect, nos chers enfants, vis-à-vis de vos parents, ne portez pas la désolation dans le cœur de vos mères, ne méprisez pas ce qu'elles vous ont appris à aimer, lorsqu'elles dirigeaient vos premiers pas, de peur qu'un jour vous ne soyez à votre tour punis dans votre postérité.

Soyez reconnaissants et affectueux envers vos chers parents, ils y ont bien quelque droit par toutes les privations qu'ils s'imposent pour vous, payez-les donc de retour.

A l'École des Filles M. de VÉLARD
adressa ces dernières recommandations.

Tous, mes chères enfants, nous nous intéressons bien vivement à vos succès, cette nombreuse assistance en est une preuve bien réelle, car outre vos parents, vous voyez au milieu de vous les Dames qui s'occupent tout spécialement de cette chrétienne entreprise, M. le Curé, M. le Supérieur de Saint-Léger, dont le zèle généreux et infatigable a su aplanir toutes les difficultés qui pouvaient entraver la création de cette œuvre, laissez-moi le dire, d'une importance et d'un intérêt si majeurs.

Du courage, jeunes enfants, qui êtes encore pour quelques années dans cette école; et surtout de la persévérance, vous les aînées, qui ayant acquis les principes élémentaires exigés par les règles de l'instruction primaire, allez retourner chez vos parents, soit pour les aider dans la culture des champs, soit pour commencer à travailler dans les fabriques.

De la persévérance, je vous en conjure, n'abandonnez pas cette maison, qui après celle de vos pères et mères doit vous être la plus chère.

Que tous les dimanches sous ce toit hospitalier on vous voit toutes groupées. Il sera pour vous un lieu de réunion où vous trouverez jointes à d'excellents conseils toutes les distractions multipliées par l'ingénieuse prévoyance des bonnes sœurs.

Ce sera le meilleur moyen de leur prouver votre reconnaissante affection. Donnez-la leur donc généreusement, car elles sans marchander vous donnent toute leur vie; donnez-la leur enfin pour vous-mêmes; car vous ferez voir ainsi, que vous vous souvenez de cette vérité, que la reconnaissance d'un bienfait grandit celui qui la donne comme celui qui la reçoit.

SOISSONS. — ED. BRIMONTIER Imp.-Libr, 12, Place du Cloître

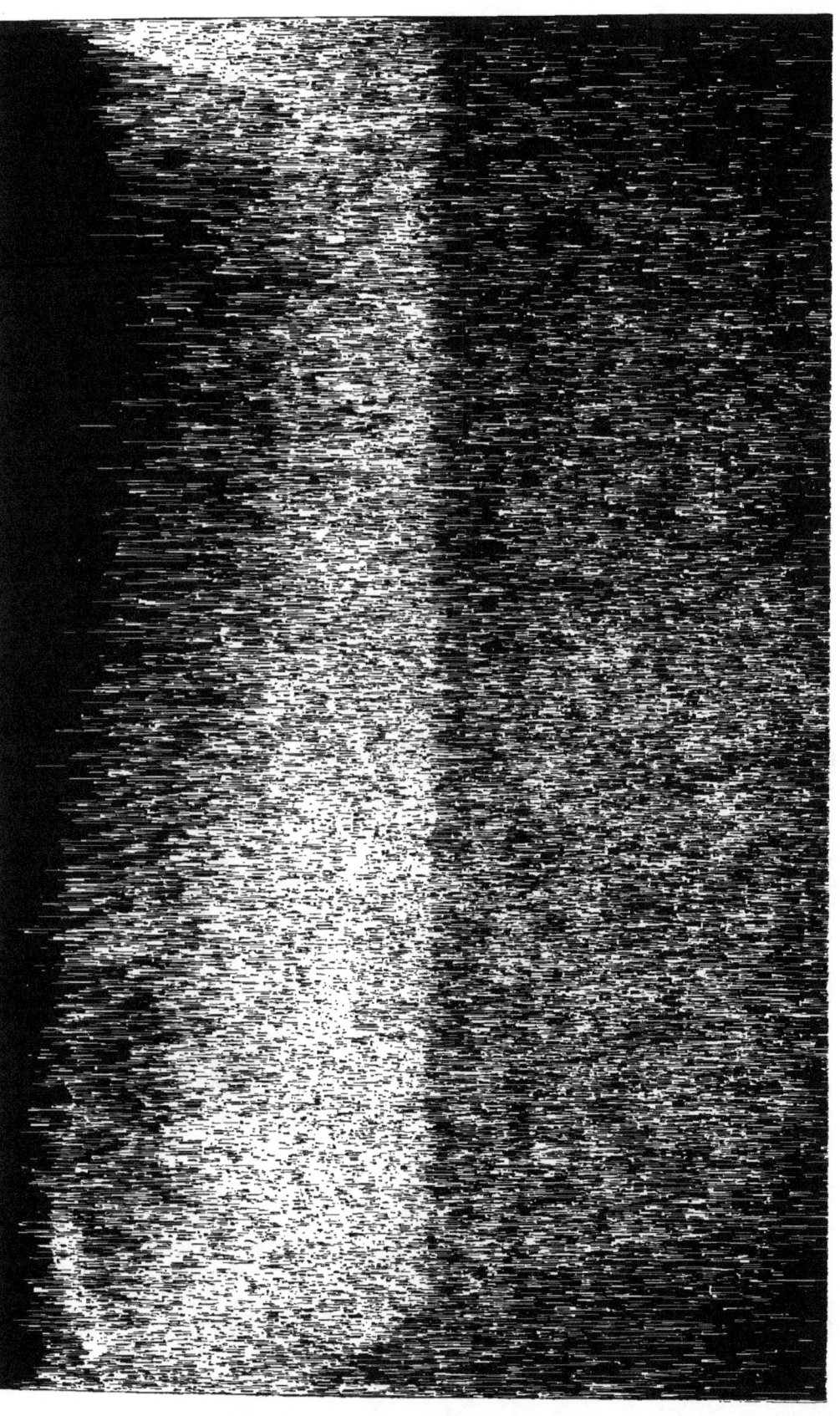

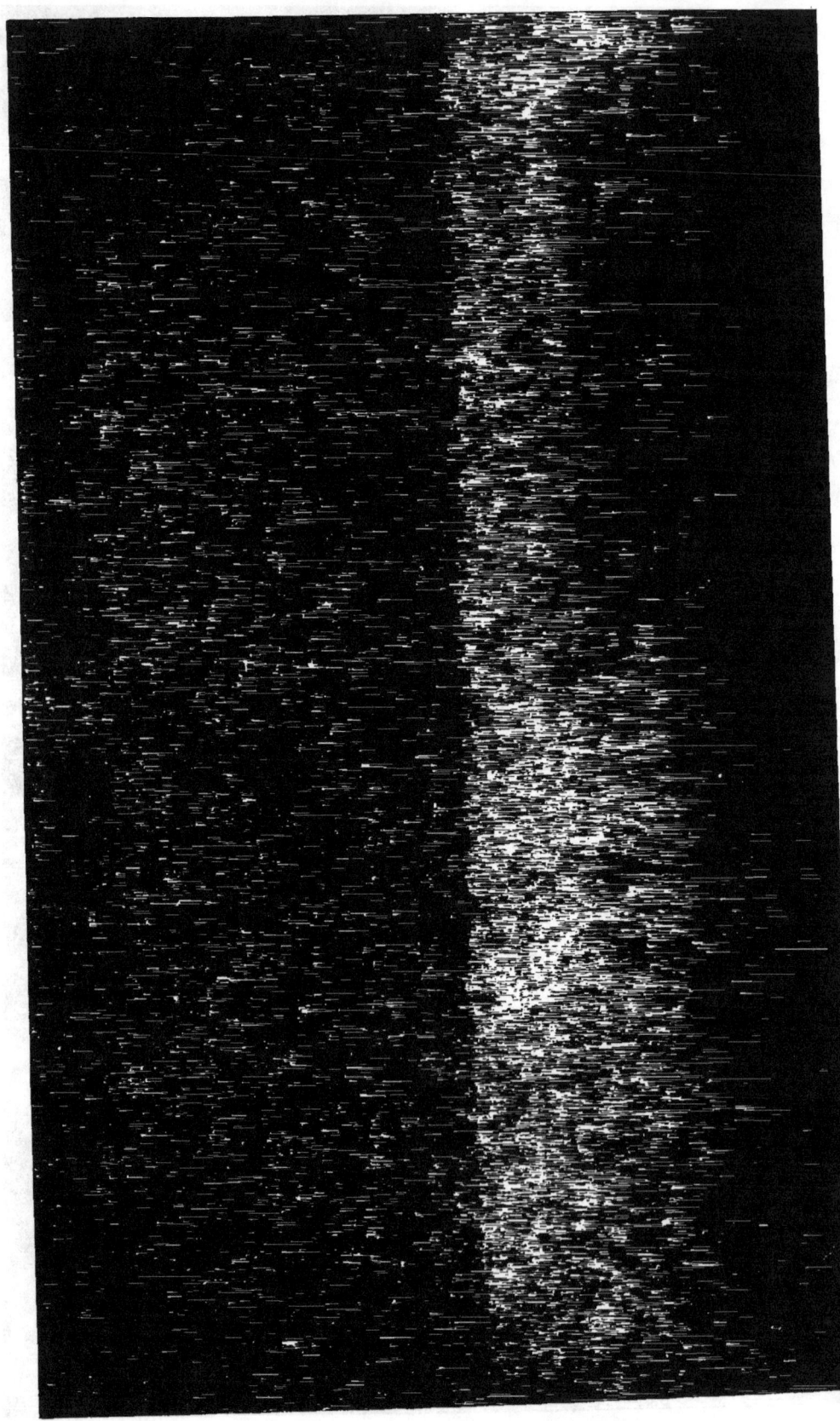

www.ingramcontent.com/pod-product-compliance
Lightning Source LLC
Chambersburg PA
CBHW070447080426
42451CB00025B/1965